Franz LISZT

TOTENTANZ
Paraphrase upon "Dies irae"
S. 126

Study Score
Partitur

PETRUCCI LIBRARY PRESS

INSTRUMENTATION

2 Flutes
Piccolo
2 Oboes
2 Clarinets
2 Bassoons

2 Horns
3 Trumpets
3 Trombones
Tuba

Timpani
Percussion
(Triangle, Cymbals, Tam-Tam)

Piano solo

Violins I
Violins II
Violas
Violoncellos
Basses

Duration: ca. 16 minutes

First Performance: April 15, 1865
The Hague Orchestra
Hans von Bülow, piano / Franz Liszt, conductor

ISBN: 978-1-60874-034-5

This score is an unabridged reprint of the score
first issued in Leipzig by Breitkopf & Härtel, 1914. Plate F.L. 29

Printed in the USA
First Printing: December, 2011

Dem hochherzigen Progonen unserer Kunst, Hans von Bülow, verehrungsvoll und dankbar

TOTENTANZ
Paraphrase upon "Dies irae" – Second version
S. 126

Franz Liszt (1811-1886)

PETRUCCI LIBRARY PRESS

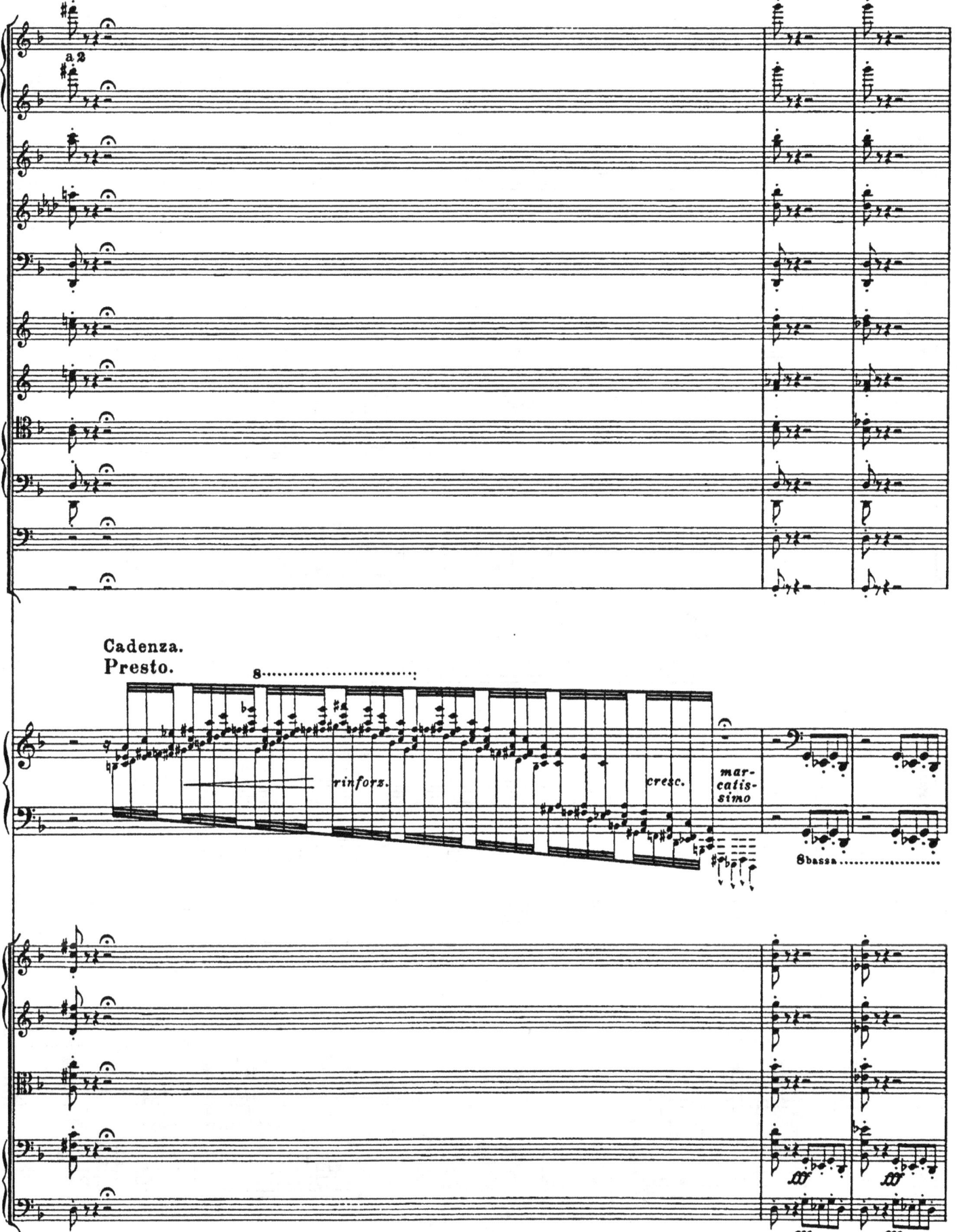

4

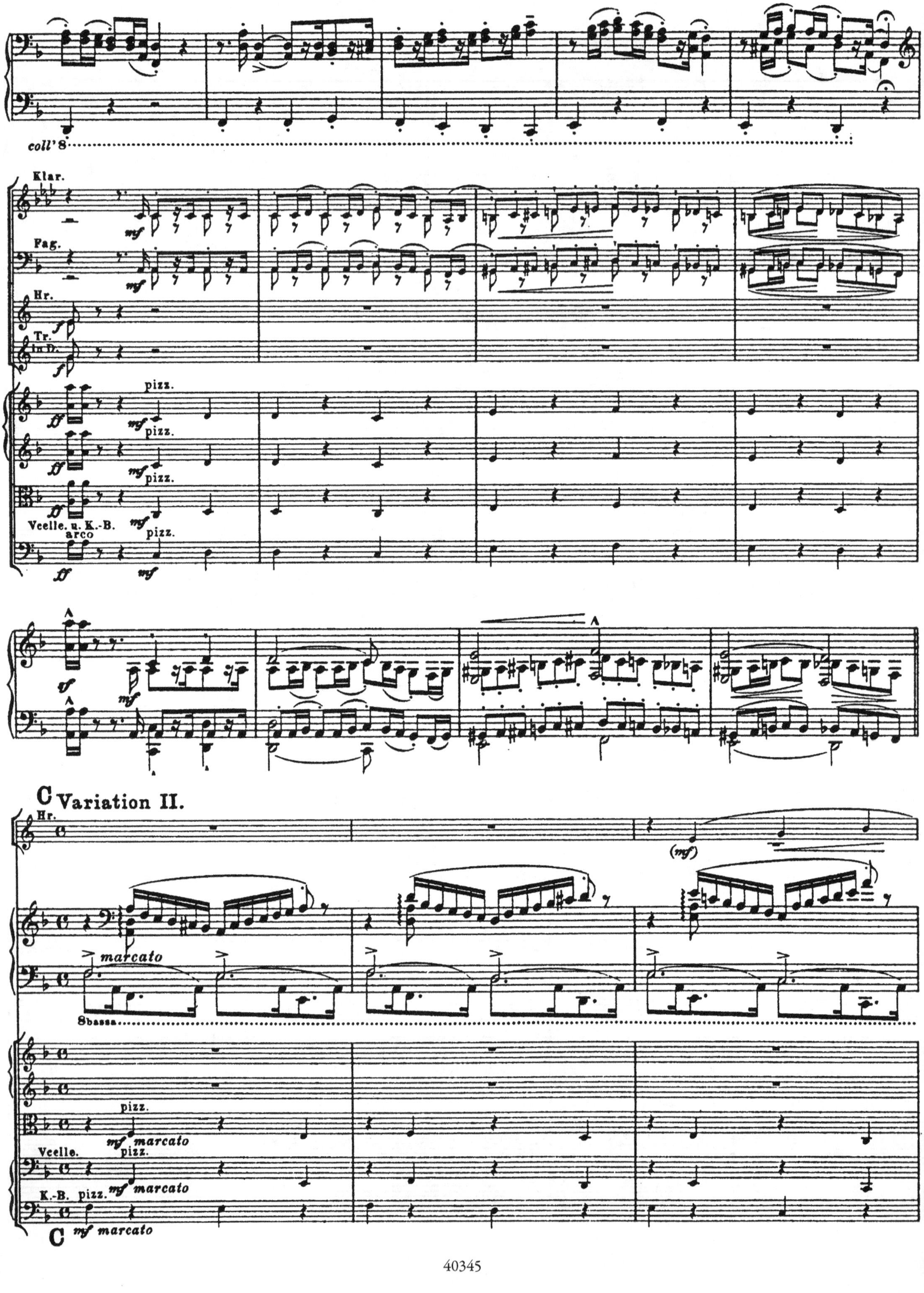
coll' 8
Klar.
Fag.
Hr.
Tr. in D.
pizz.
Vcelle. u. K.-B.
arco
C Variation II.
Hr.
marcato
8bassa
Vcelle.
K.-B. pizz.
mf marcato
C

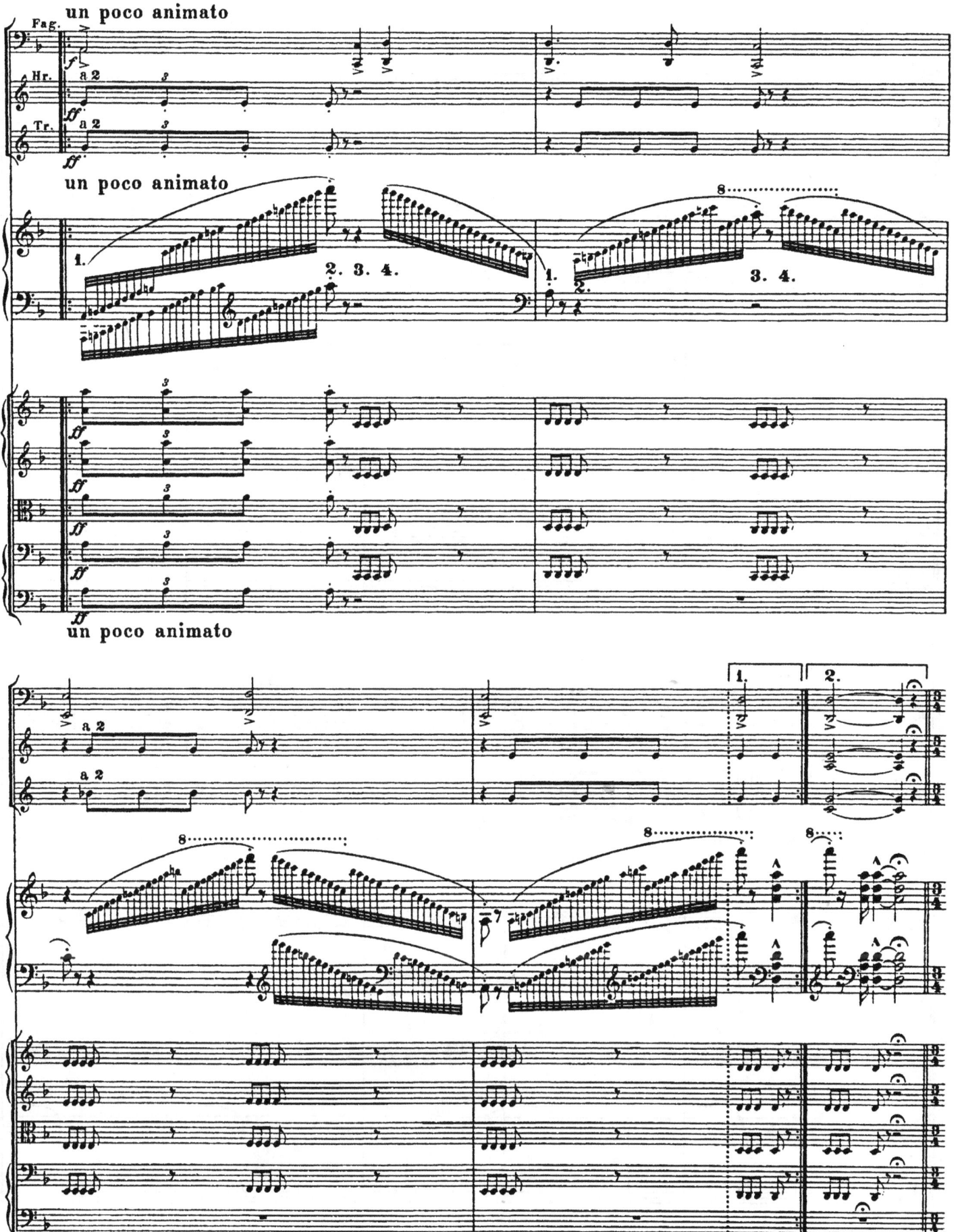

16

Variation IV. (canonique)
Lento.

40345

18

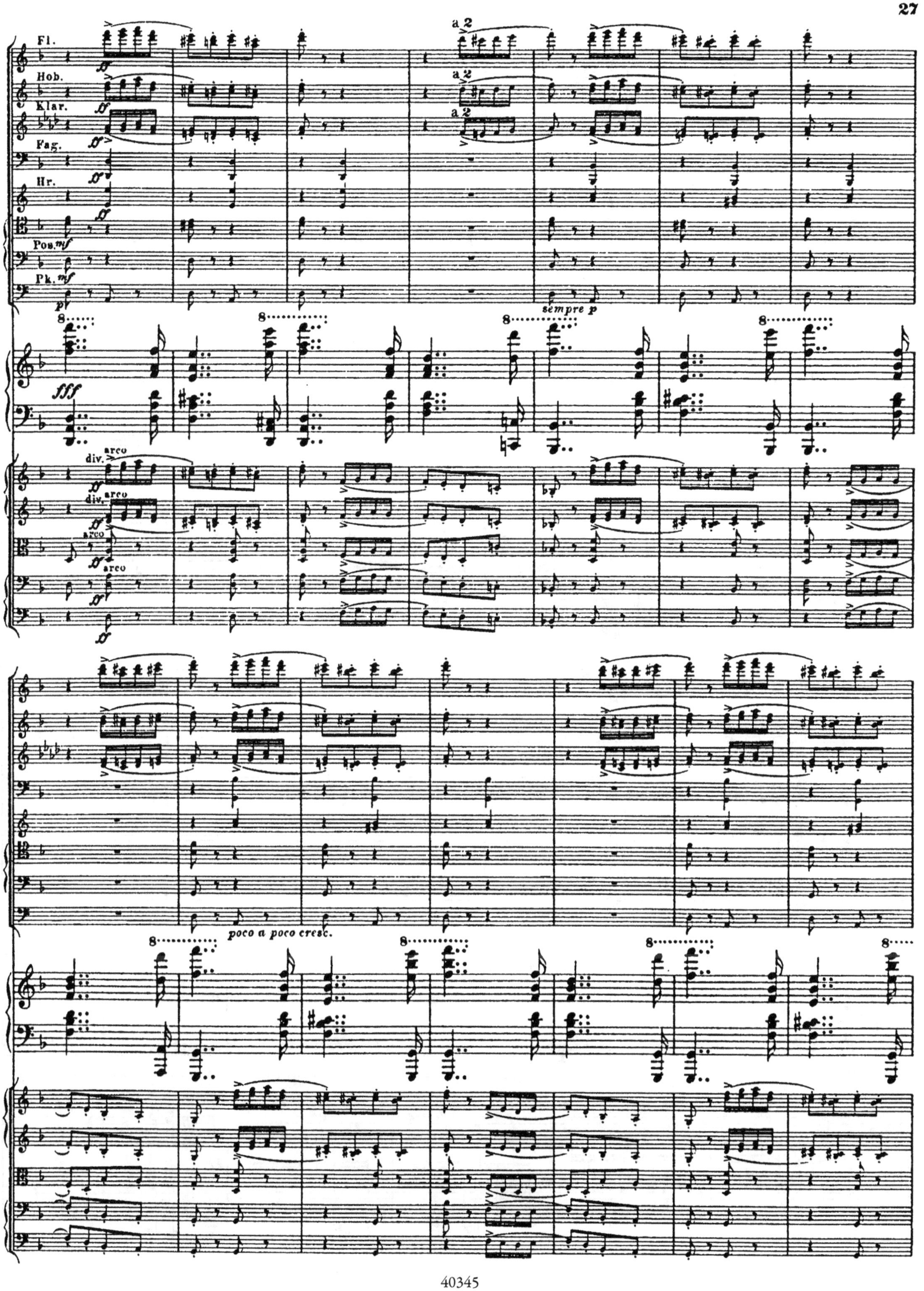
Fl.
Hob.
Klar.
Fag.
Hr.
Pos.
Pk.
a 2
ff
mf
p
fff
sempre p
div.
arco
poco a poco cresc.

28

30

42

REVISIONSBERICHT

Zweites Konzert, A dur, für Pianoforte und Orchester.

Vorlagen: 1. Gedruckte Orchesterpartitur (B. Schotts Söhne, Mainz)
2. Geschriebene Orchesterstimmen (zweimal vorhanden, Stichvorlage)
3. Partituren des Lisztmuseums in Weimar Nr. 182 und 183 (Originalhandschriften), Nr. 185 und 187 (Kopien mit Korrekturen und Bezeichnungen von Liszts Hand).

Seite 2, Takt 8. Der Punkt auf dem letzten Viertel (h) der ersten Flöte war durch nichts gerechtfertigt und hielt ich ihn, trotzdem er auch in der Originalstimme (Stichvorlage) steht, für einen Schreibfehler, denn abgesehen von der schlechten Klangwirkung findet sich das Punktzeichen weder in den mit der ersten Flöte unisono gehenden Primgeigen, noch in korrespondierenden Stellen.

Seite 6, Takt 5. In der Original-Flötenstimme (Stichvorlage) steht ein kurzer Vorschlag, also: ♪ anstatt ♪.

Seite 21, vorletzter Takt. Nicht staccato sondern portamento in Geigen und Bratschen.

Seite 22, Takt 1. In Vorlage I sind die letzten Viertel der Kontrabässe pizzicato, in Vorlage II legato col arco, ich halte erstere Fassung für richtig.

Seite 24, Takt 4. In Vorlage I und II steht g in den Violoncelli und e in den Bässen. Die Bässe sind ebenfalls in g abzuändern (Partitur 185 des Lisztmuseums, Kopie, Korrekturen von Liszts eigener Hand).

Seite 25, Takt 7. Die Kontrabässe setzen erst im 7. Takt mit der Viertelbewegung ein (vgl. Vorlage II und Partitur 185 des Lisztmuseums).

Seite 31, Takt 2. Das Achtel in den Flöten ist wie in den Klarinetten und Fagotten anzubinden, der Punkt ist falsch.

Seite 38, Takt 7. Ich hielt ungeachtet der Vorlagen 1 und 2 das g (1. Viertel) im Quartett für einen Fehler, muß meines Erachtens wie in den Bläsern e heißen (vgl. Partituren 185 und 187 des Lisztmuseums).

Seite 43, Takt 1 und 2. Das eingeklammerte diminuendo-Zeichen in den Posaunen ist sicher zu vertreten, vgl. die ähnliche Stelle in den Posaunen 20 Takte nach Buchstaben F.

Seite 57, Takt 6. Es muß unter allen Umständen heißen un poco meno mosso, nicht più mosso.

Seite 58, Takt 2. Um der 1. Klarinette und den Primgeigen den »singenden« Charakter zu wahren, wurden die Staccatopunkte in portamenti abgeändert.

Seite 60, Takt 2. In der ersten Flöte c, nicht cis.

Totentanz.

Vorlagen: 1. Partitur (Abschrift, Stichvorlage), Verlag C. F. W. Siegels Musikalienhandlung (R. Linnemann), Leipzig.
2. Partitur Nr. 44 des Lisztmuseums in Weimar (Originalhandschrift, erste Fassung für Orchester).

Seite 1. Liszt gebrauchte in der Widmung den Ausdruck Progonen wohl im Gegensatz zu Epigonen, und insofern mit einem gewissen poetischen Recht. Gemeint ist aber wohl dem Sinne nach Protagonist oder Vorkämpfer.

Seite 11, letzter Takt. Trotz eines offenbaren Versehens wurde Liszts Notierung beibehalten, der letzte Takt ist nämlich ein $^3/_2$-Takt und nicht als solcher bezeichnet.

Seite 12, Buchstabe D. Von Veröffentlichung der beiden den meisten Schülern des Meisters wohlbekannten Varianten zu Variation 3 und 6 (vergleiche Silotis Ausgabe des Totentanzes) wird an dieser Stelle abgesehen, da die Änderungen nicht in Liszts Handschriften vorlagen.

Seite 33, Variation VI. In der Stichvorlage steht in den 1. und 2. Violinen »con sordini«, in der gedruckten Partitur ist diese Bezeichnung fortgeblieben. Es ist schwer zu entscheiden, ob der Meister das »con sordini« noch im letzten Moment gestrichen hat oder ob hier eine Eigenmächtigkeit des Korrektors vorliegt, dem vielleicht das »con sordini« in Verbindung mit dem vorgeschriebenen f wider den Strich ging. Ich proponierte daher, das »con sordino« in Klammern gesetzt in die neue Partitur aufzunehmen und dem jeweiligen Dirigenten die Entscheidung zu überlassen. Selbstverständlich von Seite 35 an wieder senza sordini.

Malédiction für Klavier solo und Streichinstrumente.

Vorlage: Abschrift des Werkes, mit Korrekturen von Liszts Hand (Weimar. Lisztmuseum).

1. Wie der Titel des Werkes authentisch zu lauten hat, weiß man nicht. Das Wort »Malédiction« findet sich — von Liszt mit Bleistift geschrieben — über der ersten Tempobezeichnung (quasi moderato), korrespondiert indessen auf Seite 14 (neue Partitur Seite 7, 4. Takt) mit: »Pleurs — angoisse — vagues« (letzteres wieder ausgestrichen). Seite 21 (neue Partitur Seite 11, Takt 6) befindet sich wiederum eine Bleistifteinzeichnung: »saillerie« (schwer leserlich). Bemerkenswert ist Seite 47 (neue Partitur Seite 25, letzter Takt) eine vom Meister später wieder verworfene Einschaltung von Schuberts Lied »Du bist die Ruh'«, das dann direkt in das Molto animato, quasi Presto (Seite 26 der neuen Partitur) hinüberleitete.

2. Seite 2, Takt 7. Die linke Hand wurde — entgegen der Vorlage — aus pianistischen Gründen eine Oktave tiefer gelegt, während die ähnliche Stelle Seite 24, letzte Zeile, da immerhin ausführbar, so gelassen wurde, wie sie in der Vorlage steht.

Seite 30, Takt 1 und 3. Ob das letzte Sechzehntel in der rechten Hand b oder h heißen soll, ist zweifelhaft, beides ist möglich. Ich habe, gemäß der Vorlage, beide Male b stehen lassen.

B. Stavenhagen.
Genf, Dezember 1914.

www.ingramcontent.com/pod-product-compliance
Lightning Source LLC
Chambersburg PA
CBHW081350040426
42450CB00015B/3380